AU TEMPS DES...

Colonies françaises

avec *Souvenirs de Bab el-Oued*

Un récit inédit de Yaël Hassan

Sommaire

RÉCIT 3
Souvenirs de Bab el-Oued

DOCUMENTAIRE 45
La colonisation et la décolonisation

QUESTIONS-RÉPONSES 56

AUTRES TEXTES 63
Des poèmes

ACTIVITÉS 73
Arts premiers et art contemporain

ISBN : 978-2-09-121685-0

Souvenirs de Bab el-Oued

Jacques

Mouloud

David

À Bab el-Oued, quartier populaire d'Alger, vivent Jacques, Mouloud et David.

Tous trois y sont nés et y ont grandi. Ils sont chrétien, musulman et juif, habitent la même rue et fréquentent la même école. Pour eux la vie n'est que jeux, rires et insouciance. Le monde des adultes avec la politique leur passe un peu « au-dessus de la tête », comme ils disent. Mais, petit à petit, des « événements », qui commencent en 1954, vont mettre un terme à un bonheur qu'ils croyaient éternel. Les trois amis vont découvrir une terrible guerre et ses conséquences dramatiques…

1

Où on fait la connaissance de Jacques et de ses parents

Je m'appelle Jacques Lénard, j'ai douze ans. Nous sommes en juin 1962. Mes parents et moi avons embarqué à bord du *Ville d'Alger*, le bateau qui nous emmène vers Marseille.

- Nous rentrons en France, m'a dit mon père.

Nous rentrons ? me suis-je étonné. Pourtant, en France, nous n'y avons jamais mis nos pieds... noirs. C'est ainsi qu'on nous appelle depuis peu, nous les Français d'Algérie, les **colons**, les Blancs... Moi, tout ce que je sais, c'est que nous quittons l'Algérie, mon pays.

Alger la blanche, ma ville dont je vois les côtes s'éloigner et se dérober peu à peu à mes yeux.

Si, il y a quelques semaines à peine, quelqu'un nous avait dit à David et moi que nous serions obligés de partir, on l'aurait traité de « sa race » et on lui aurait drôlement ri au nez, à celui-là. Mais là, je n'ai pas le cœur à rire. Mes parents non plus, d'ailleurs.

Agglutinés au bastingage, serrés les uns contre les autres, sous un soleil de plomb, nous ne pouvons détacher notre regard de la ville qui rapetisse peu à peu tandis que le paquebot file vers l'horizon.

Je vois bien que mon père retient ses larmes en serrant les poings. Je vois son regard embué et sa mâchoire crispée. Ma mère, elle, derrière ses lunettes de soleil, pleure sans retenue, à gros sanglots, ainsi qu'elle n'a cessé de le faire depuis que la nouvelle de notre départ est tombée.

- Tu es jeune, tu oublieras, me répète-t-elle au travers de ses larmes.

Oui, je suis jeune, mais comment oublierai-je les bruits de ma rue, l'odeur enivrante des fleurs d'oranger, des épices, les couleurs du marché, les lauriers-roses, la torpeur des étés, la fraîcheur des bains de mer et la beauté des ciels étoilés ?

Alger s'éloigne, j'ai le cœur gros. Comment oublier Bab el-Oued ?

Je ne connais pas la France, ni aucun pays d'ailleurs, mais je sais déjà que nul autre n'égalera jamais dans mon souvenir celui où je suis né.

Comment oublierai-je aussi les amis de Bab el-Oued, ce quartier d'Alger où nous avons grandi, côte à côte, **chrétiens**, **musulmans** et **juifs** ?

Tout ça c'est à cause des « événements », ainsi que l'on disait. Personne ne prononçait jamais le mot « guerre », même si ça y ressemblait drôlement, surtout ces derniers temps. Pourtant, quand le 19 mars 1962, le cessez-le-feu avait été proclamé, nous avions cru que les combats qui duraient depuis sept ans entre le FLN[1] et l'armée française allaient prendre fin. Sûr, ce n'était pas notre victoire à nous, c'était celle des Arabes, des Algériens qui hurlaient leur joie en défilant dans les rues. Mais à David et moi, cela nous était bien égal que l'Algérie devienne algérienne. Cela nous semblait normal, même. Et puis, qu'est-ce que cela changeait pour nous ? nous disions-nous.

Mais rien ne s'est passé comme nous l'avions espéré. Et ce fut pour nous le commencement de la fin. Car ensuite, tout s'est précipité. C'est en catastrophe qu'on est partis au milieu de la nuit.

Et nous voilà sur ce bateau nous emmenant vers une destination inconnue, cette France qui nous fait si peur, que nous sentons hostile aux rapatriés que nous sommes si brutalement devenus. Certains Français ne cessaient d'affirmer que c'était normal, que c'était à prévoir, **l'indépendance**, tout ça. Moi, à l'époque, je n'y prêtais pas vraiment attention. Pour

1. FLN : initiales de Front de libération nationale. Organisation regroupant les Algériens qui se battaient pour l'indépendance de l'Algérie.

moi, mon pays c'était l'Algérie, indépendante ou pas. Je n'en avais pas d'autre. Quand on parlait de la **métropole**, on disait toujours « là-bas, en France », comme s'il s'agissait pour nous d'un pays étranger.

Je ne comprenais pas alors la crainte des adultes. J'étais à mille lieues de penser que cette indépendance nous chasserait de chez nous, de nos maisons. Comment aurais-je pu imaginer une telle chose ?

Même Mouloud ne le savait pas. Pourtant, il la voulait, lui, l'indépendance. Et parfois, David et moi, on se castagnait un peu avec lui à ce sujet. Car Mouloud était pour le FLN, comme la plupart des Algériens. Tandis que David et moi, on était considérés comme français ! Ça le faisait d'ailleurs bien marrer, David, d'être français alors que sa famille habitait l'Algérie depuis la nuit des temps. Pas comme nous, les colons, arrivés ici il y a une centaine d'années seulement. David prétendait même que les juifs étaient en Algérie depuis avant les Algériens. Quand il disait ça, c'était Mouloud qui se mettait en rogne... Si Mouloud avait su qu'à cause de tout ça nous serions séparés tous les trois, obligés de nous quitter, la vérité, ce n'est pas sûr qu'il l'aurait autant voulue son Algérie indépendante. Et voilà où ça nous a conduit. David est parti en Israël, moi je suis en route pour la France et Mouloud, lui, est resté seul. Dire qu'on s'est à peine dit au revoir.

2

Jacques fait la connaissance de Mouloud et de David

David, Mouloud et moi, on était copains depuis la Dixième[2]. Ça s'était fait tout seul, dès le premier jour. À la récré, David s'était approché de moi et, sortant de sa poche une poignée de noyaux d'abricots, il m'avait

Mouloud, David et moi, on s'est rencontrés à la récré dès le premier jour d'école.

proposé une partie de tas. Mouloud, qui n'était pas loin, avait demandé s'il pouvait jouer avec nous. Et voilà. Ce fut le début de notre amitié. En plus, comme on habitait le même quartier, on faisait tous les jours le chemin ensemble, tous les trois, le matin dans un sens et le soir dans l'autre.

À cette première partie de tas, David nous avait battus à plate couture, Mouloud et moi, et avait raflé

2. La Dixième : le CE1.

toute notre réserve de noyaux. Le jeu consistait à démolir, à l'aide d'un noyau qui servait de projectile, des petits tas formés de quatre noyaux. Celui qui cassait le dernier tas ramassait toute la mise. Du coup, des noyaux d'abricots, on en avait toujours dans les poches car on les utilisait dans plein de jeux.

Moi, c'était à la boutique que je préférais jouer. Pour ce jeu-là, on utilisait une boîte à chaussures dont on perçait le couvercle de trous de grosseurs inégales et il fallait arriver à mettre le plus de noyaux possible dedans. Plus le trou était petit et plus ça rapportait…

Donc, depuis ce premier jour d'école, nous étions devenus inséparables. À Bab el-Oued, nous, les enfants, nous étions tout le temps dans la rue.

C'était un quartier populaire, coloré et bruyant. Dès la fin de la classe et les devoirs terminés (je devrais dire quelquefois bâclés pour aller plus vite jouer), on se retrouvait dehors.

À part le tas et la boutique on avait bien d'autres jeux comme les tchapes[3], la toupie, la ronda[4]… Mais celui sacré entre tous, celui auquel on consacrait la plupart de notre temps, nous, les garçons, c'était bien sûr, le foot. On y jouait dans la rue, avant et après l'école jusqu'à la tombée de la nuit, souvent. Et quand on n'y jouait pas nous-mêmes, on allait voir jouer les plus grands…

Mon cœur se serre. Avec qui jouerai-je au foot désormais ? Papa m'a dit qu'à Marseille où l'on habitera, je vais retrouver un cousin d'à peu près mon âge.

- Il s'appelle Bastien. Il a treize ans, je crois.

---

3. Les tchapes : jeu qui se joue avec une boîte d'allumettes vide.

4. La ronda : jeu de cartes.

- Un francaoui ? lui ai-je demandé.

- Comment ça, un francaoui ? s'est énervé mon père. Toi aussi tu seras bientôt un francaoui. Il va falloir oublier l'Algérie.

Quand il a dit ça, maman a éclaté en sanglots.

- Oublier l'Algérie ! s'est-elle indignée. Et pourquoi tu veux que ton fils oublie l'Algérie ?

- Parce que c'est fini, nini, fini ! a répété papa comme pour se convaincre. Alors mieux vaut oublier pour aller de l'avant. Sinon, on ne s'y fera jamais !

Maman a posé sa main sur ma tête. J'aimerais bien qu'elle cesse de pleurer. Mais je ne sais pas quoi faire, ni quoi dire pour la consoler. D'ailleurs, je ne sais pas quoi faire non plus pour me consoler, moi. Faudrait que je sois fort, en fait, que je cache mon chagrin. Ça va être drôlement dur. Surtout que, pour le moment, je n'arrête pas d'y penser.

À l'époque où on s'est connus, David, Mouloud et moi, on s'en fichait pas mal de la politique. On était bien sûr au courant de ce qui se passait. Il aurait fallu être des bourricots pour ne pas savoir, parce que les parents, eux, ils ne parlaient que de ça. Mais ce n'était pas notre problème à nous. Pourtant, il est très vite devenu aussi celui des enfants que nous étions.

Tout a commencé le 1er novembre 1954 quand le FLN a déclenché la lutte armée pour obtenir l'indépendance de l'Algérie qui était française depuis 130 ans. Moi, l'Algérie d'avant les événements, celle que me racontaient mes parents et surtout mes grands-parents avec tant de nostalgie, je ne l'ai pas connue.

Bab el-Oued, mon quartier…

Tout au début, elle nous passait un peu par-dessus, la guerre, à David, Mouloud et moi. Bien sûr, il y avait déjà des morts et des attentats un peu partout dans le pays. Mais, à Alger, nous, les enfants, on n'y faisait pas attention. Dans notre vie à nous, ce qui était encore important, c'était les jeux, le foot et, à la belle saison, dès le mois de mai, les pique-niques, la plage, les baignades. Sinon, il y avait l'école. Et là, aussi, on s'amusait bien.

3

Nos ancêtres les Gaulois…

De nous trois, c'était Mouloud, le meilleur élève. Il faut dire que son père, il était très sévère, ma parole, et pour lui, pas question de sortir jouer avant d'avoir fait les devoirs impeccables. Parce que, quand il rentrait du travail, son père, la première chose qu'il voulait voir, c'était les cahiers de son fils. Alors, il demandait à sa femme :

- Et où il est Mouloud ?

- Où veux-tu ? lui répondait-elle. Il joue dans la rue, avec ses copains.

- Il joue ? Toujours, il joue celui-là ! Et il croit que c'est en jouant qu'il va les réussir ses études ? Moi, je te dis, c'est yaouled[5] qu'il va faire comme métier ce rmar[6] !

Alors son père se mettait au balcon et criait :

- Mouloud, monte à la maison montrer les devoirs !

C'était d'ailleurs pareil pour ses sœurs aînées qui toutes voulaient faire des études alors que c'était assez rare que les filles arabes décrochent le « certif ». En fait, c'était toujours Mouloud qui raflait le prix d'excellence, mais David ne venait pas loin derrière, et en calcul, il le battait parfois, Mouloud. Moi, je me contentais parfaitement de la troisième place. Mais pas mon père ! Une fois, de colère, il m'avait même flanqué une sacrée calotte.

- Tu n'as pas honte ! m'avait-il dit. Un Arabe, premier de la classe ! Un juif, deuxième. Et toi, troisième !

---

5. Yaouled : gamin qui cire les chaussures dans les rues.
6. Rmar : âne, bourricot.

Il faut dire qu'il y avait quand même pas mal de racisme entre Européens et Arabes. Ça allait dans les deux sens, d'ailleurs.

- Vous, les roumis[7], vous vous croyez vachement supérieurs à nous ! m'avait d'ailleurs reproché Mouloud, un jour. C'est pour ça aussi qu'on veut l'indépendance. On n'a pas besoin des Français pour

Alors son père se mettait au balcon et criait :
- Mouloud, monte à la maison montrer les devoirs !

7. Roumis : c'est ainsi que les Arabes désignaient les chrétiens.

gouverner notre pays. On pourrait très bien le faire tout seul. Qu'est-ce qu'on pouvait répondre à ça, David et moi ? Rien ! Il avait peut-être raison, Mouloud.

De toute façon, on n'aimait pas trop parler de politique entre nous. Le maître non plus d'ailleurs n'en parlait pas.

- À l'école de la République, on ne fait pas de politique ! disait-il.

Mais comme il était lui-même un patos[8], on savait bien qu'il était forcément pour l'Algérie française. D'ailleurs, il ne nous parlait que de ça, de la France. L'histoire de France, la géographie de la France, la poésie de la France... Victor Hugo, Théophile Gautier, La Fontaine... Comme s'il n'y avait pas de poètes arabes ! ronchonnait Mouloud.

Mais ce qui avait fait le plus bidonner Mouloud et David, c'est quand on avait étudié les Gaulois.

- Ce sont nos ancêtres ! avait dit le maître.

Mes copains avaient alors regardé l'image du Gaulois dessiné dans le livre d'histoire.

- C'est peut-être votre ancêtre, Monsieur, et celui de Jacques, de Raymond et de Marcel, mais certainement pas le mien ni celui de David ! avait protesté Mouloud, tandis que toute la classe éclatait de rire. L'Algérie, avant 1830, elle n'était pas française. Donc nos ancêtres à nous les Arabes, ils n'étaient pas gaulois, ils étaient arabes, forcément !

- Tu sais, avait alors dit le maître, imperturbable, que les Arabes aussi ont tenté de coloniser d'autres pays. Et s'ils n'avaient pas été arrêtés à Poitiers, en 732...

8. Patos : originaire de la métropole, la France.

- Poh, poh, poh ! s'était exclamé Oualid. On les a arrêtés et mis en prison ?

Là, ce fut un vrai délire. À mourir, vraiment. Le maître avait eu un mal fou à ramener le calme.

Quel rmar ce Oualid !

- Je voulais dire qu'on avait réussi à stopper leur avance et Charles Martel les a battus, c'est tout. Sinon...

- Sinon, l'interrompit Mouloud hilare, la France elle serait peut-être algérienne, aujourd'hui !

Mais il n'y avait pas que les Gaulois qui nous semblaient étrangers. Dans nos dictées, le maître évoquait des verts pâturages, des torrents et des rivières argentés, des forêts épaisses et luxuriantes, des montagnes aux cimes enneigées. Autant de choses qu'on ne voyait pas souvent près de chez nous.

Et voilà que je n'allais pas tarder à découvrir tout cela !

Souvent le maître, un vrai patos, nous faisait bien rire...

4

Où la guerre devient très présente

Avec le retour de la belle saison, tous les jeudis, on se précipitait pour taper le bain à la plage de la pointe Pescade. Ce n'était pas très loin mais comme il fallait prendre le trolley, nos parents ne voulaient pas qu'on y aille seuls et nous devions nous faire accompagner de Sarah, la grande sœur de David. Une sacrée bêcheuse, celle-là ! Surtout qu'elle venait toujours avec ses copines Rita et Jeanne et qu'elles n'arrêtaient pas de jacasser et de glousser comme des bécasses dès qu'un garçon les regardait. Bon bref, nous, on n'en avait rien à faire de leurs simagrées et on s'amusait comme des fous dans l'eau.

Ça, c'était pendant la semaine avec les copains. Mais le dimanche et les jours de fête, on allait passer la journée à Sidi-Ferruch, dans la pinède du bord de mer, où familles et amis se donnaient rendez-vous. Maman préparait le pique-nique. On chargeait le tout dans la voiture et on prenait la route de la corniche qui longe la mer. Aussitôt arrivées, maman et les autres femmes déballaient les victuailles qu'elles mettaient en commun tandis que les hommes servaient l'anisette. Salades de tomates, de poivrons, sardines, soubressade[9], cocas[10], poulet rôti. Et puis makrouds, mantecaos[11], et autres pâtisseries en dessert. Un vrai festin !

Mais un jour, tout a changé. C'était en 1957.

---

9. Soubressade : saucisson coloré en rouge par une épice.
10. Cocas : chaussons fourrés aux tomates et aux anchois.
11. Makrouds, mantecaos : pâtisseries orientales.

Si cette année-là, mes copains et moi continuions à mener la belle vie, les choses se gâtaient du côté de la Casbah, le quartier le plus ancien d'Alger où ne vivaient pratiquement que des musulmans. L'endroit était un véritable labyrinthe, fait de ruelles, de passages, de terrasses communiquant entre elles... C'était là que les hommes du FLN se regroupaient. Et c'était donc là aussi que se trouvaient les fabricants et les poseurs de bombes. Du coup, les relations entre Européens et Arabes en avaient pris un sacré coup. Même Zoubida, notre femme de ménage, n'osait plus sortir de chez elle pour venir aider maman au ménage, à la cuisine, au repassage et aux courses. Zoubida, elle était chez nous, d'avant ma naissance et elle venait tous les jours. Alors, à moi ça m'a fait tout drôle de ne plus la voir arriver chez nous, de bon matin, pour se mettre au travail en chantant et en riant.

Dans la rue, on croisait de plus en plus souvent des patrouilles de parachutistes ou de zouaves[12] qui fouillaient partout, toujours à la recherche des terroristes. Nous, les Européens, on disait terroristes, mais Mouloud, lui, les appelait des combattants. Le fait est que le résultat était le même et la vie n'était déjà plus tout à fait pareille, même pour nous, à Bab el-Oued. La nuit, j'entendais les explosions des bombes et je n'étais vraiment pas rassuré.

Même à l'école le climat avait changé. Entre nous, les enfants, on se bagarrait de plus en plus souvent. Mouloud, David et moi essayions de nous tenir à l'écart des disputes et de rester copains. Mais ce n'était pas toujours facile. Surtout pour David, qui ne savait pas trop comment se situer. Lui n'était ni chrétien ni arabe mais juif. Tous les juifs d'Algérie avaient d'office la nationalité française. Logiquement, ils faisaient donc partie du clan des Européens. Sauf que les ancêtres de David, ils avaient toujours vécu en Algérie, ils n'étaient pas des colons, comme nous. Alors, il ne savait plus trop où il en était.

- Qu'est-ce que ça peut faire ? lui disait Mouloud pour le réconforter. Toi, tu seras « neutre », c'est tout.

- Surtout qu'on s'en fiche, nous, de tout ça, j'ai ajouté. Nous, on est amis et rien ne nous séparera.

C'est ce jour-là qu'on avait signé notre pacte d'amitié, à la vie, à la mort. À ce moment-là, tous les trois, on y croyait encore si fort.

Mais, au mois de juin, une terrible vague d'attentats a secoué Alger et mit Bab el-Oued en émoi. Trois bombes avaient été déposées en plein centre et avaient explosé en début de soirée faisant cinq morts et un tas de blessés.

---

12. Zouave : soldat d'un corps d'infanterie française créé en Algérie en 1830.

Les attentats faisaient des ravages…

Et puis, six jours plus tard, pire encore. Cette fois, c'était au cabaret dancing du casino de la Corniche où une bombe avait été placée sous la piste de danse. C'était un dimanche, il y avait plein de monde.

- La purée de leur race ! fulminait David, le lendemain. Ma mère n'arrête pas de pleurer. Le chef d'orchestre du casino qui était mort, c'était Lucky Starway, un de ses amis, né à Bab el-Oued. Son vrai nom c'était Lucien Serror.

Mouloud était bien embêté, lui aussi. Il la voulait l'indépendance de l'Algérie mais... quand même...

- Hier soir, mes parents se sont disputés, a raconté Mouloud. C'est la guerre, qu'il disait, mon père, et dans les guerres, il y a toujours des morts. Alors ma mère elle s'est énervée et elle a dit que ça, ce n'était pas la guerre, mais juste une boucherie. S'il fallait faire comme ça pour avoir l'indépendance, alors ça ne lui plaisait pas du tout.

Après, ça a commencé à chauffer sérieusement. D'abord parce que le jour de l'enterrement des morts du casino il y a eu un sacré grabuge. Les Européens voulaient se venger et ont décidé de s'en prendre aux Arabes. Ils se sont mis à incendier des voitures, à saccager et brûler des magasins. Total : des tués, des blessés et en prime le couvre-feu à neuf heures du soir !

Alors, l'armée française a réagi. Et au mois d'août, les paras et les zouaves ont fait une descente à la Casbah ! Ça a drôlement bardé pour le FLN. Il y en a même qui disaient que c'était la fin des événements, qu'on était débarrassés des terroristes. Mouloud était triste, bien sûr, mais il a vite oublié son chagrin parce qu'on a pu à nouveau jouer dehors et aller aux bains, sans avoir peur, comme avant.

5

Où l'on découvre pourquoi les Français ont colonisé l'Algérie

David et moi avions bien du mal à comprendre ce qui avait changé en Algérie. Pourquoi ne pouvions-nous pas continuer à vivre en paix, comme avant, ainsi qu'on l'avait toujours fait entre juifs, chrétiens et musulmans ? Pour nous, l'Algérie était française depuis tellement de temps qu'on ne voyait pas pourquoi elle ne pouvait pas continuer à l'être. Surtout que personne ne se souvenait d'avant l'arrivée des colons. Ni les grands-parents de David, ni ceux de Mouloud, ni les miens n'étaient assez vieux pour avoir connu cette époque-là.

- Est-ce que vous savez au moins pourquoi les Français ont décidé de débarquer à Alger ? nous avait demandé Mouloud, un jour, sur le chemin de l'école.

- Et toi, tu le sais ? avait répliqué David.

Mouloud avait alors bombé le torse.

- Oui, c'est mon grand-père qui m'a tout raconté. Il paraît que tout vient d'une dispute entre le consul[13] de France et le dey[14] d'Alger, Hussein. La France lui devait des sous qu'elle ne voulait pas lui rendre. Alors, le dey s'est mis en colère et il a chassé le consul de chez lui en lui donnant un coup de chasse-mouche en pleine figure !

David avait éclaté de rire.

13. Consul : représentant du gouvernement français dans un pays étranger.

14. Dey : avant la conquête d'Alger par la France, le dey était le chef du gouvernement.

- Et c'est tout ?

- Oui, mais la France a considéré qu'elle avait été humiliée. C'était donc une bonne raison pour conquérir l'Algérie. C'est ce qu'elle voulait faire depuis longtemps à cause du commerce et tout ça. Alors le roi Charles X a donné l'ordre à l'armée de débarquer à Alger. C'était juste un prétexte en fait !

David trouvait l'histoire très drôle.

- Dis donc, si chaque fois que je te flanquais une calotte, on se déclarait la guerre, sur la vie de ma mère, qu'on serait mort depuis longtemps ! avait-il lancé.

Moi aussi, je voulais montrer que je savais des choses.

- Moi, mon père m'a raconté que dans ma famille, quand ils sont arrivés en Algérie de Marseille, ils ne voulaient pas du tout faire la guerre aux Arabes. Et même qu'ils s'entendaient très bien avec eux. Il m'a dit aussi qu'ils étaient jeunes mariés, mes arrière-grands-parents, et que, tout de suite, ils étaient tombés amoureux du pays et n'avaient plus jamais voulu en repartir. Ils pensaient travailler pour faire de l'Algérie un pays encore plus beau et plus riche.

David était d'accord avec moi et avait renchéri :

- C'est ce que dit le maître, aussi, tout le temps. Il s'était mis alors à l'imiter, ce qu'il faisait très bien :

- La France est venue pour pacifier l'Algérie, la moderniser en construisant des routes, des villages, des écoles pour civiliser le peuple algérien !

- Pourquoi ? On n'était pas des sauvages, quand même ! s'était défendu Mouloud.

Nous avions éclaté de rire. Mais il avait repris d'un air plus grave :

- Ça se voit que vous n'avez jamais entendu parler d'Abd el-Kader, un grand guerrier et un grand savant ; il a tout fait pour empêcher les Français de coloniser l'Algérie ! Mais l'armée française était trop forte ! Alors, il a fallu qu'il se rende, le pauvre ! Et ils l'ont mis en prison en France ! Et c'est l'empereur Napoléon III qui l'a libéré de prison, Abd el-Kader ! Mon grand-père m'a dit que Napoléon III était le meilleur pour les Arabes, que tous les Arabes l'aimaient. Et même qu'il voulait nous donner la nationalité française !

Purée ! Il en savait des choses Mouloud ! m'étais-je dit. Bien plus que David et moi qui le regardions, emplis d'admiration.

- Pourquoi il ne l'a pas fait, alors ? avais-je demandé.

- Parce qu'il a été renversé !

- Renversé par une voiture ?

- Mais non, rmar, c'est parce qu'il a cessé d'être empereur ! Et ceux qui sont venus après, eh bien, ils n'étaient pas du tout d'accord pour que les Arabes aient les mêmes droits que les Européens. Et les colons non plus ne voulaient pas. Tout ce qu'ils voulaient, les colons, c'était prendre leurs terres aux Arabes...

Là, je n'étais pas d'accord.

- Je suis sûr que mes arrière-grands-parents n'étaient pas comme ça ! Et mon père m'a dit que parmi les Français, il y en avait plein qui ne voulaient pas ça non plus ! D'ailleurs, il y en a même qui se sont mariés avec des Arabes et sont restés ici pour cultiver la terre.

- Peut-être ! avait admis Mouloud. Mais mon père dit aussi que si les Algériens veulent l'indépendance, maintenant, c'est parce qu'on leur a trop marché sur les pieds, voilà !

On parlait, on parlait et on ne voyait pas le temps passer.

Abd el-Kader fut un grand guerrier et un grand savant. Il fit tout pour empêcher les Français de coloniser l'Algérie !

6

Le général de Gaulle à Alger

Bab el-Oued avait retrouvé sa gaieté. Dès six heures, six heures et demie, à l'heure de la fraîche, les rues s'emplissaient à nouveau de bruit, de cris, de rires, de discussions. Les mères de famille discutaient de balcon en balcon, aux terrasses des cafés les hommes tapaient le carton en prenant l'anisette et la kémia[15], tandis que les garçons lorgnaient les filles qui se baladaient en riant le long des boulevards. Il y avait toujours un tchatcheur[16] pour se faire remarquer. Un qui se croyait plus intelligent que les autres, à qui il arrivait toujours les choses les plus extraordinaires.

Quant à nous, les plus jeunes, on avait repris possession de notre territoire : la rue ! Mais quelque chose avait changé quand même. Avant, quand on jouait au foot, les équipes étaient mélangées. Maintenant, chaque fois, les autres voulaient qu'on fasse arabes contre européens. Pour Mouloud, David et moi, il n'était pas question de ne pas être dans la même équipe. Alors, les parties commençaient toujours par des disputes.

- Si vous ne voulez pas qu'on reste ensemble, on ne joue pas, c'est tout ! grognait David.

- Vous n'avez qu'à jouer avec les Arabes, alors ! protestaient les autres.

Pour David et moi, ça ne nous posait aucun

15. Kémia : gâteau à apérititif.
16. Tchatcheur : beau parleur.

problème. D'autant plus qu'on leur mettait à chaque fois la pâtée !

Après l'école, David et Mouloud venaient goûter à la maison et on se jetait sur les pâtisseries de Zoubida qui était revenue. Sinon, David et Mouloud ne mangeaient pas chez moi parce qu'il y avait du porc et qu'ils n'avaient pas le droit d'en manger. Mais moi, j'avais le droit d'aller manger chez eux et souvent le jeudi, on déjeunait ensemble.

Le spectacle, il était autant sur l'écran que dans la salle où ça mangeait, riait, tchatchait…

Et puis l'après-midi, Sarah nous emmenait au cinéma Majestic. Là, on peut dire que c'était le délire total. Le spectacle, il était autant sur l'écran que dans la salle où ça mangeait, riait, tchatchait…

Oui, c'était à nouveau la belle vie.

Pourtant, le calme n'était pas complètement revenu partout. Il y avait encore des attentats. Les fellagas[17] poursuivaient leurs attaques çà et là.

Et Mouloud, qui savait plus de choses que nous, était souvent très grave.

- Mais pourquoi tu fais tout le temps la tronche ? lui reprocha un jour David.

Alors, dans le plus grand secret, Mouloud nous avait dit :

- Mon père, il fait partie du FLN !

On en était resté sans voix, David et moi.

Mouloud avait poursuivi :

- L'autre soir, il croyait que je dormais. Il parlait avec ma mère dans la cuisine. La porte de ma chambre était entrouverte et j'ai tout entendu. Il a dit que le combat était loin d'être terminé et que les Français, ils vont pleurer leur mère, bientôt.

Un frisson m'avait couru le long de la colonne vertébrale et David était devenu tout pâle.

- Et nous aussi, on va pleurer notre mère ? avait-il demandé à Mouloud d'une voix tremblante.

Mouloud avait alors bombé le torse et nous avait aussitôt rassuré d'un :

- Vous non, car vous êtes mes amis et mon père il vous fera rien du tout à vous.

- Oufff ! Tu nous as fait peur ! s'exclama David.

- Mon père, nous confia encore Mouloud, a même dit à ma mère que je pourrais l'aider à faire certaines choses, mais là, ma mère, elle a crié très fort et lui a dit que si jamais il osait se servir de moi ou de mes

17. Fellaga : nom donné aux rebelles appartenant au FLN.

La porte de ma chambre était entrouverte et j'ai tout entendu.

sœurs… Mais je n'ai pas entendu la fin car mon père lui a dit de se taire… Et là, ma mère elle est allée dans la chambre en claquant la porte.

Un jour, moi aussi, j'avais surpris une conversation entre mes parents. Celle-ci m'était alors revenue en mémoire. Un des collègues de mon père lui avait dit que tous les commerçants arabes devaient payer une sorte d'impôt pour aider les combattants musulmans, et que bien souvent, pour ne pas attirer l'attention, ils chargeaient les enfants de collecter les fonds dans leur cartable en sortant de l'école. Béat d'admiration, j'avais alors imaginé Mouloud croulant sous le poids de son cartable rempli de billets.

Et puis, au mois de mai 1958, les hommes du FLN ont exécuté trois prisonniers militaires français. Alors, là, ça a été comme la révolution. Les Algérois, ceux qui étaient contre l'indépendance, ils ont presque fait un coup d'État pour s'emparer du pouvoir. Je ne vous dis pas le cirque, de nouveau.

Alors tout le monde disait qu'il n'y avait que le général de Gaulle pour venir au secours de l'Algérie pour qu'elle reste française.

Et il est venu, le général de Gaulle, à Alger ! Et il a dit : « *Je vous ai compris !* », « *Oui ! Oui ! Oui ! La France est ici pour toujours ! Vive l'Algérie française ! Vive la République ! Vive la France !* » Papa, maman et moi, on avait écouté son discours à la radio, et même que, quand il a dit ça, le général de Gaulle, j'ai vu papa pleurer pour la première fois. Mais c'était de joie, qu'il pleurait.

7

Le référendum, le putsch, les événements s'accélèrent...

Un nouvel été est venu. L'été 1960. Là, plus question d'événements, de guerre, de politique. Une seule chose nous intéressait : le Tour de France que nous regardions chez David parce que son père venait d'acheter la télévision spécialement pour le Tour.

Nous ne savions pas alors que cet été 1960 était notre dernier été de bonheur.

Puis à la fin de l'année, comme cadeau de Noël, on a appris qu'il y allait avoir un référendum[18] pour ou contre l'Algérie algérienne. Voyant l'angoisse de mes parents, je leur avais demandé :

- Mais papa, pourquoi est-ce que ce serait si grave que les Algériens soient indépendants ?

Mon père s'était tu. Puis, au bout d'un moment, il m'avait répondu :

- Je crois que ce serait dangereux pour nous.

Il avait raison. Pour la première fois depuis le début des événements, les Arabes et les Européens se sont battus entre eux ; le quartier de Belcourt contre le nôtre. Les uns hurlaient « *L'Algérie française !!* » et les autres « *L'Algérie algérienne !!* ». Il a fallu que l'armée intervienne. Ils ont même ouvert le feu sur les gens faisant plein de morts, surtout des Arabes. Après ça, on n'a pas vu Mouloud pendant deux, trois jours.

---

18. Référendum : vote de tous les électeurs servant à approuver ou à rejeter une proposition du gouvernement.

Sa mère, elle ne voulait plus qu'il sorte parce qu'à Bab el-Oued, la majorité des gens étaient des européens. Et Zoubida aussi a cessé de venir chez nous. Pas parce qu'elle avait peur mais parce que son mari lui avait interdit de travailler chez des Européens.

Mon père n'arrêtait plus de râler. Il en avait après tout le monde, les **pieds-noirs**, les juifs, les patos, les Arabes, les Français. Surtout après les Français, d'ailleurs.

- Il aurait suffi de reconnaître les Arabes comme nos frères pour que de nouveau ils se rattachent à la France ! répétait-il sans arrêt. S'ils nous lâchent maintenant, c'est parce que la France les a lâchés !

En janvier 1961,
c'est la victoire du « oui pour l'indépendance ».

En janvier 1961, c'est le « oui » pour l'indépendance de l'Algérie qui l'a emporté.

À partir de là, certains pieds-noirs ont rejoint l'OAS, organisation armée secrète, qui avait décidé de s'opposer à l'indépendance par les armes. Seulement, ils étaient très violents, autant que ceux du FLN. Ils s'en prenaient à tout le monde : aux musulmans, à l'armée, à la police et même à nous. Et tout a recommencé. Les attentats, les plasticages, les enlèvements, les meurtres.

Et puis au mois d'avril, un matin, alors que je venais à peine de me lever, j'ai tout de suite compris qu'il s'était passé quelque chose de grave. Papa et maman étaient collés à la radio et de dehors nous parvenait un vacarme assourdissant : les voitures klaxonnaient, les gens se pressaient sur les balcons en poussant des youyous, des cris de joie et en tapant sur des casseroles.

- Qu'est-ce qui se passe ? ai-je demandé à papa.

- Il y a eu un putsch, cette nuit.

- Un putsch[19]?

Je trouvais le mot rigolo mais je ne savais pas ce qu'il voulait dire. Papa m'a expliqué alors que des généraux avaient pris le pouvoir en Algérie pour qu'elle ne devienne pas indépendante.

À ce moment-là, un des généraux a pris la parole à la radio : « *Les choses se sont passées sans la moindre effusion de sang. Notre seul but est de repacifier l'Algérie et de faire en sorte que l'Algérie reste française.* »

---

19. Putsch : coup d'État ou soulèvement organisé contre le pouvoir en place par un groupe armé.

Dans la rue, c'était de la folie. Les Européens avaient l'air fous de joie. Mais leur joie n'a pas duré plus longtemps que le coup d'État. Quatre jours plus tard, c'était fini. Certains généraux s'étaient rendus et le putsch était terminé.

- Je crois que c'est le début de la fin, avait dit papa.

8

La fuite de Jacques et de sa famille

Pendant l'été 1961 on a eu tout le temps peur. Plus de parties de foot, plus de baignades. Heureusement, mes parents avaient acheté une télé, eux aussi, et nous avons pu regarder encore une fois le Tour de France et admirer les exploits de notre héros, Anquetil. À la rentrée, plus le droit de traîner après l'école, plus le droit de jouer dans la rue. Les attentats se multipliaient. À tout moment, on risquait de se prendre une balle perdue. Les femmes n'osaient plus aller au marché ou faire leurs courses. Même la France était touchée par la guerre d'Algérie. Mouloud était en rage parce que suite aux attentats de l'OAS à Paris, les Algériens de là-bas avaient le couvre-feu, eux aussi. Plus le droit de sortir de 20 h 30 à 5 h 30 du matin. En plus, un mois plus tard, les Algériens qui étaient descendus pour manifester pacifiquement dans les rues de Paris avaient été brutalement dispersés par la police. Comme l'OAS prenait surtout pour cible les Arabes, Mouloud n'avait plus l'autorisation de sortir. On ne se voyait plus qu'à l'école où les bagarres aussi étaient incessantes.

- Je crois que nous avons perdu ! m'avait annoncé David, un soir, alors qu'on jouait à la ronda.

- Pourquoi tu dis ça ?

- C'est mon père qui l'a dit. Mes parents parlent de partir.

Sur le moment, je n'avais pas saisi. Je croyais que David me disait qu'il s'apprêtait à partir en vacances, en pleine année scolaire.

- Partir ? Mais où ? Pour combien de temps ?

- En Israël, pour toujours.

J'en étais resté si abasourdi que j'avais été incapable de réagir.

Et puis, au mois de mars 1962, on a appris la catastrophe, pour nous, les Européens. L'annonce de l'indépendance de l'Algérie pour le mois de juillet. Pour les Algériens, c'était la victoire !

La voix de David s'était brisée.
Il m'a tendu la main.

Tout est allé si vite ensuite. Les parents de David sont venus à la maison, un soir.

- Nous venons vous faire nos adieux ! a dit son père au mien.

- Vous partez, mais pourquoi ? Tout est sur le point de finir, et ça va s'arranger non ? Le FLN s'est formellement engagé à ce que nous puissions rester et vivre ici en toute sécurité.

- Je ne les crois pas ! Je préfère partir avant qu'il ne soit trop tard.

- Tu as dit au revoir à Mouloud ? ai-je demandé à David en retenant mes larmes.

- Non, mon père ne voulait pas qu'il sache... à cause de son père, tu comprends ? Tu lui diras au revoir de ma part, Jacques ? La voix de David s'était brisée. Il m'a tendu la main. Nos mères se sont embrassées en pleurant. Et ils sont partis.

Quelques jours plus tard, au milieu de la nuit, nous avons été réveillés par des coups frappés à la porte. J'ai bondi de mon lit et j'ai rejoint mes parents dans leur chambre. Mon père s'est approché de la porte sur la pointe des pieds. C'est alors que j'ai reconnu la voix de Mouloud.

- Ouvrez m'sieur Lénard ! C'est moi, Mouloud !

Soulagé, mon père s'est empressé de lui ouvrir.

- Ça va pas la tête, ou quoi ? Nous faire peur, comme ça, en pleine nuit.

Mouloud semblait terrorisé.

- C'est mon père qui m'envoie, m'sieur ! Il a dit de vous dire qu'il faut partir tout de suite, là. Faire vos valises et partir.

- Comment ça, tout de suite ? a demandé mon père tandis que maman éclatait en sanglots.

- Oui, tout de suite, sur la vie de ma mère !

- Mais pourquoi ?

- Mon père, il a dit « ou ils partent ou c'est le cercueil ».

Papa avait compris. Le père de Mouloud faisait partie du FLN et il savait ce qui se préparait.

- On fait les valises, Emma ! Toi aussi, Jacques, va te préparer. Tu n'emmènes que le strict minimum.

- Mais on va aller où, comme ça, au milieu de la nuit ? s'était affolée maman.

- Ouvrez m'sieu Lénard ! C'est moi, Mouloud !

- Dans une demi-heure, une voiture viendra vous chercher et vous amènera dans un endroit sûr pour la nuit, a répondu Mouloud.

Maman avait poussé un soupir de soulagement.

- Ah, d'accord, c'est juste pour cette nuit !

Mouloud a baissé la tête et s'est approché de moi.

- Salut, Jacques, m'a-t-il dit en me serrant dans ses bras.

Puis il est sorti avant même que je puisse réagir.

Le lendemain, nous avons appris que le FLN avait fait sauter notre appartement. En fait, le père de Mouloud nous avait sauvé la vie.

Voilà comment les choses se sont passées. Voilà comment nous nous sommes retrouvés sur ce bateau, le cœur brisé, parmi plein d'autres gens comme nous.

9

Trente ans après...

En rédigeant mes souvenirs d'enfance et ceux de mon départ d'Algérie, je ne me doutais pas que trente ans plus tard, nous allions nous retrouver, Mouloud, David et moi, ici, à Marseille. Pourtant, voilà chose faite et c'est ensemble que nous avons relu ces quelques pages. Nous les avons lues, relues et commentées, passant du rire aux larmes...

Des enfants devenus des adultes mais qui n'ont cessé de porter en eux les images des jours heureux et, pour David et moi, celles du déracinement.

Il nous avait été si difficile, à mes parents et moi, de nous faire à notre nouvelle vie. Marseille était une bien belle ville, chaude, baignée de lumière, chaleureuse, mais nous n'arrivions pas à oublier Bab el-Oued.

J'y ai fait mes études et passé mon Bac. Puis je suis entré à l'université pour étudier la médecine ; et je me suis marié avec une jeune fille d'Oran. Nous avons eu ensemble trois beaux enfants, nés à Marseille, et pour qui l'Algérie ne représente rien d'autre qu'un pays étranger de l'autre côté de la Méditerranée. C'est ainsi que va la vie. Nous qui y étions nés, nous n'avons jamais pu l'oublier. Et c'est toujours avec une pointe de tristesse et de nostalgie que nous pensions à elle.

Et moi, j'étais loin de penser qu'un jour j'allais retrouver mes copains...

Le hasard fut pour beaucoup dans nos retrouvailles.

Nous ignorions tout les uns des autres. Partis sans laisser d'adresse, David en Israël, moi en France... Quant à Mouloud, il avait déménagé peu de temps avant que lui soit parvenue la seule lettre que je lui avais adressée, et qui m'était revenue...

Ce que j'ignorais, c'était que tous les trois nous avions suivi la même voie... C'est en ouvrant le journal que je lus un matin qu'à un prochain congrès de médecine qui se tiendrait à Marseille et auquel je devais participer viendraient également des médecins étrangers. Suivait la liste des participants et là, quelle ne fut pas ma stupeur en découvrant les noms de mes deux amis ! C'était presque trop beau pour être vrai. Peut-être était-ce des gens qui portaient le même nom...

La veille de la date du début du congrès, je ne fermai pas l'œil de la nuit. J'étais à nouveau submergé par mes souvenirs même si je n'avais pas remis les pieds à Alger depuis notre départ précipité.

Le congrès débutait par un petit déjeuner dans un grand hôtel où j'arrivai le premier avec une bonne demi-heure d'avance. Les participants étaient placés et il me fut donc remis, à l'entrée, un petit carton précisant le nom de ma table.

Le cœur battant, je demandai à l'hôtesse de m'indiquer à quelle table seraient placés David et Mouloud. J'avais une terrible crainte : de ne pas les reconnaître après toutes ces années. Je fus vite rassuré. Alors que je patientais en attendant l'ouverture des portes, je le vis arriver. David n'avait pas changé. J'avais un avantage sur lui : moi, je m'attendais à le voir.

- Salut, David, lui dis-je, tout simplement.

Il hésita à peine quelques secondes. Ses yeux s'emplirent de larmes.

- Jacques ! La purée de ta race ! Qu'est-ce que tu fais ici ?

Et il éclata de ce rire merveilleux. Ce rire intact qui guida Mouloud jusqu'à nous. Un Mouloud éberlué.

- Je ne le crois pas ! hurla-t-il à son tour en nous étreignant avec force. Mais qui a organisé ça ? demanda-t-il, incrédule.

- Personne, le destin, ou le hasard, lui répondis-je. Je m'étais inscrit à ce congrès et puis j'ai vu vos noms figurer dans la liste des participants. Ça fait des semaines que je ne dors plus à l'idée de vous retrouver.

- Et tu habites à Marseille ? me demanda David.

- Oui, depuis que j'ai quitté Alger. Et toi, David ?

- Tel-Aviv. Et toi Mouloud ?

- Alger, mes amis, toujours. Mais à Bab el-Oued, ce n'est plus pareil depuis que vous n'êtes plus là.

Mouloud soupira.

- Quelle tristesse tout ça !

Je sentis les larmes me monter aux yeux.

- Combien de temps resterez-vous à Marseille ?

- Le plus longtemps possible, me répondit David aussitôt imité par Mouloud qui ajouta :

- Nous avons du temps à rattraper, non ?

FIN

Questions sur le récit

1. Qui sont les trois héros de cette histoire ?

2. Qui est le narrateur ?

3. Où les héros ont-ils passé leurs premières années ? Où vivent-ils à la fin de l'histoire ?

4. Quels sont les événements qui les ont séparés ?

5. Le récit que tu viens de lire s'inspire d'événements réels. Quel nom donne-t-on à ce genre d'écrit ?

6. Relève les noms des personnages qui ont vraiment existé.

7. Que racontent les huit premiers chapitres ? Que raconte le dernier chapitre ?

Recherches

À l'aide d'un dictionnaire et de livres d'histoire, fais une recherche sur les personnages de ce récit qui ont véritablement existé.

À l'aide du texte documentaire pages 45 à 54, et de livres d'histoire, fais une recherche sur la colonisation de l'Algérie. Trouve des photographies ou des affiches pour illustrer ta recherche.

Lire un texte documentaire

Le partage colonial
Les colonies françaises
La décolonisation
Bilan de la colonisation

Le partage colonial

Les Européens à la conquête du monde

Au cours du XIXe siècle, se déroule une véritable «course aux colonies». Les Européens se lancent à la conquête de vastes territoires en Afrique, en Asie ou en Australie. Ils s'affrontent souvent car ils convoitent les mêmes terres.

L'Afrique est encore, pour une bonne part, une terre inconnue qui reste à explorer. Ainsi l'Anglais **Livingstone** découvre les chutes du Zambèze, ses compatriotes **Burton** et **Speke** remontent jusqu'aux sources du Nil. Le Français **Savorgnan de Brazza** entreprend quant à lui une expédition en Afrique équatoriale et fonde Brazzaville.

La première expédition de Savorgnan de Brazza, en Afrique équatoriale, en 1875.

En 1884-1885, la conférence de Berlin définit, entre pays colonisateurs, les règles de cette « ruée » sur l'Afrique.

Alors qu'en 1875 les États européens n'occupaient que 10 % du continent noir, à la veille de la Première Guerre mondiale, ils en contrôlent 90 %.

La France en Afrique du Nord, en Afrique occidentale et en Afrique équatoriale, la Grande-Bretagne en Afrique du Sud, mènent des guerres parfois très violentes. Les Belges, les Portugais, les Allemands, les Italiens et les Espagnols cherchent également à s'approprier des territoires africains.

L'Asie du Sud-Est est partagée entre les Français (Laos, Cambodge, Viêt-nam), les Anglais (Birmanie, Malaisie) et les Hollandais (Indes néerlandaises). La Chine, elle aussi, subit la pression européenne.

« Messieurs, la question coloniale, c'est, pour les pays voués par la nature même de leur industrie à une grande exportation, la question même des débouchés (...).

Une marine comme la nôtre ne peut se passer d'abris solides, de centres de ravitaillement (...).

À l'heure qu'il est, un navire de guerre ne peut pas porter plus de quatorze jours de charbon.

Et c'est pour cela qu'il nous fallait la Tunisie : c'est pour cela qu'il nous fallait Saïgon et la Cochinchine. »

Discours de Jules Ferry à l'Assemblée nationale en 1885.

Grâce à son avance économique et à sa supériorité technique, l'Europe domine le commerce mondial et **tous les pays européens sont à la recherche de matières premières, de débouchés commerciaux et de relais maritimes.**

LES EMPIRES COLONIAUX EN AFRIQUE ET EN ASIE

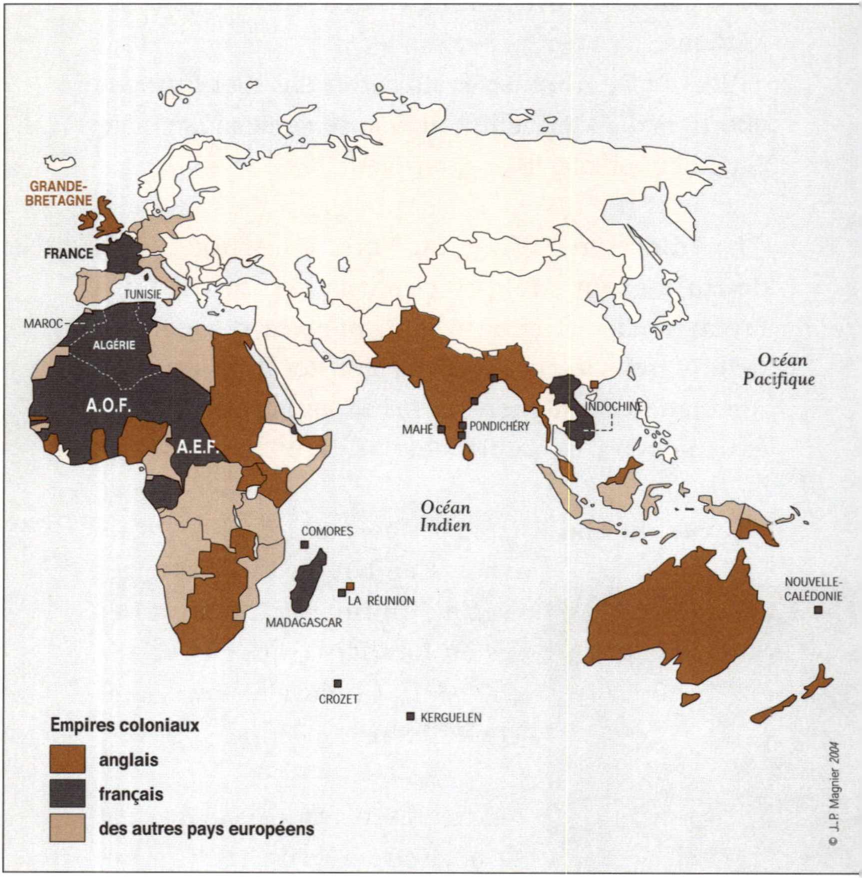

Au début du XXe siècle, **l'Empire britannique couvre 33 millions de km^2** et compte près de **500 millions d'habitants**, soit le quart de la population du globe à l'époque. **L'Empire français couvre 11 millions de km^2** et compte près de **50 millions d'habitants**.
Son empire s'étend sur les cinq continents, mais il se situe à **80% en Afrique**.

RAISONS ET PRÉTEXTES DE LA COLONISATION

Au XIXe siècle, les Européens sont persuadés qu'ils ont une **mission à accomplir** auprès des populations indigènes qu'ils estiment inférieures. C'est le « fardeau de l'homme blanc », selon l'écrivain Rudyard Kipling. Missionnaires, explorateurs, hommes politiques et gouvernants, ou simples **colons**, tous ont le sentiment d'**apporter le progrès technique**, de **diffuser la foi chrétienne** et de **répandre les valeurs de la civilisation européenne** considérée comme « la civilisation » par excellence.

La conquête de Madagascar (affiche de 1896, musée de la Publicité, Paris).

Le catéchisme de monseigneur Livinhac (Congo, début du XXe siècle)

Les colonies françaises

Un vaste empire diversement peuplé

Dans l'empire colonial français, **c'est l'Indochine (Viêt-nam, Laos et Cambodge actuels) qui est la plus peuplée.** Elle compte 23 millions d'habitants sur 736 000 km².

À l'inverse, le continent africain est peu peuplé. Malgré cela, il occupe une place très importante dans l'Empire français parce qu'il est très vaste et que le **Maghreb** (Maroc, Tunisie et Algérie) est très proche géographiquement de la France.

La population des colonies représente, pour la **métropole**, une **main-d'œuvre** bon marché et travailleuse.

Peu d'Européens vivent dans les colonies car elles sont souvent très éloignées de la métropole et le climat y est la plupart du temps difficile. **Seul le Maghreb attire beaucoup de colons.**

Des colonies exploitées et des populations bouleversées

Les colonisateurs accomplissent souvent de **grands travaux d'équipement : barrages, chemins de fer, routes...** Mais la majorité de ces équipements est davantage conçue pour le développement et la prospérité des colonisateurs que pour ceux des colonies elles-mêmes.

Il en va de même pour la production agricole : les gouvernements colonisateurs **confisquent des terres aux paysans** indigènes qui y pratiquaient une

agriculture vivrière traditionnelle, pour les donner aux colons qui y développent des cultures dont la production part directement pour la métropole (caoutchouc, banane, cacao, café...). Là aussi l'intérêt de la métropole passe, en général, avant celui des populations locales.

En revanche, **l'amélioration de l'hygiène est profitable aux colonisés** et elle contribue à une baisse très nette de la mortalité.

La création de nombreuses écoles permet quant à elle une progression du niveau d'éducation.

Occidental en pousse-pousse (Indochine, début du XXe siècle)

La diffusion des langues européennes et la propagation de la religion chrétienne modifient en profondeur les civilisations indigènes et leurs valeurs traditionnelles. Cette rencontre brutale entre des civilisations que tout oppose **bouleverse les modes de vie des indigènes**.

Ceux-ci, souvent ignorés ou méprisés, tenus à l'écart des responsabilités, soumis à l'impôt et parfois aux corvées, ne peuvent que se soumettre. Les tentatives de révoltes sont en effet **durement réprimées**.

La décolonisation

Des puissances coloniales affaiblies

La Seconde Guerre mondiale a affaibli les puissances coloniales. Profitant de cette situation, les peuples colonisés, qui acceptent de plus en plus difficilement la domination européenne, demandent que soit reconnu leur **droit à disposer d'eux-mêmes. Ils veulent l'indépendance et la réclament auprès des organisations internationales.**

La Grande-Bretagne ouvre la voie de la décolonisation. En 1947, à la suite de négociations, l'indépendance est accordée à l'Inde. Deux États sont alors créés : l'Union indienne (à majorité hindouiste) et le Pakistan (à majorité musulmane). Dans les mois qui suivent, la Birmanie et l'île de Ceylan, qui devient le Sri Lanka, accèdent à leur tour à l'indépendance, suivis par la Malaisie en 1957(voir la carte page 48).

Le Mahatma Gandhi est l'initiateur du principe de la résistance non violente à l'occupation anglaise en Inde.

LA GUERRE D'INDOCHINE
Le 2 septembre 1945, **Hô Chi Minh, chef du parti communiste indochinois**, proclame à Hanoï la République démocratique du Viêt-nam, reconnue quelques mois plus tard par la métropole comme un État libre. Très vite pourtant, les relations se dégradent entre Hanoï et Paris. La guerre d'Indochine commence. Après 1949, les Vietnamiens reçoivent l'aide de la Chine communiste. **En 1954**, l'armée française est battue à **Diên Biên Phu**. Les accords de Genève mettent alors fin à la guerre et la France reconnaît **l'indépendance du Viêt-nam, du Laos et du Cambodge**.

La décolonisation en Afrique

La décolonisation est plus lente en Afrique qu'en Asie. Mais dès les années 1950, l'Angleterre négocie et prépare l'indépendance de ses possessions africaines. En 1965, toutes ses colonies sont autonomes.

Simultanément, les États francophones d'Afrique noire deviennent des États indépendants.

Plus difficile est l'accession à l'indépendance des pays du Maghreb. La Tunisie et le Maroc n'ont obtenu leur indépendance, en 1956, qu'après des années d'agitation. **L'Algérie, quant à elle, connaît une guerre de décolonisation dramatique** qui dure presque dix ans jusqu'aux accords d'Évian en 1962.

Le bilan de la colonisation

Dans la seconde moitié du XXe siècle, après des années d'exploitation, les pays hier colonisés peuvent enfin faire entendre leur voix. La Conférence de Bandung, en 1955, marque cette prise de parole des États du tiers-monde, première amorce du **mouvement « des pays non alignés »**. Par cette appellation, **ils montrent au monde entier qu'ils se veulent désormais indépendants des deux blocs** : le bloc communiste (sous la tutelle de l'URSS) et le bloc occidental (sous la tutelle de l'Amérique du Nord).

Mais l'indépendance n'est pas pour autant synonyme de paix et de prospérité. **La colonisation a bouleversé en profondeur les mentalités et a souvent créé des pays aux frontières artificielles.**

Aujourd'hui ces pays, et notamment certains pays africains très pauvres, sont fréquemment victimes de troubles graves (instabilité politique, guerres civiles, crises économiques et sociales...).

questions
sur le texte documentaire

1. Pourquoi les Européens se sont-ils lancés à la conquête du monde ?

2. Quel est le continent qui a été le plus colonisé ?

3. Qu'appelle-t-on « décolonisation » ?
Comment est composé ce mot ?

4. Où y a-t-il eu des guerres de décolonisation ?

Recherches

Situe sur une carte d'Afrique les régions explorées par Livingstone, Burton et Speke et Savorgnan de Brazza.

À l'aide d'un dictionnaire, fais une recherche sur le docteur Schweitzer.

En t'aidant de la question 7 (page 61) des questions-réponses, situe sur un planisphère les pays, qui, aujourd'hui, font partie de la francophonie.

tiers-monde
colonies
décolonisation
pieds-noirs
explorateurs

1 De quand datent les premiers empires coloniaux ?

L'Europe commence à coloniser le monde dès la fin du XVe siècle avec la découverte de l'Amérique et de ses richesses. Sous le règne de François Ier, le Français Jacques Cartier prend possession du Canada en 1534. Puis, tout au long des XVIIe et XVIIIe siècles, la France multiplie les conquêtes coloniales : la Guadeloupe, la Martinique, Madagascar, La Réunion, la Louisiane en Amérique… C'est à cette époque que sont fondées plusieurs villes, comme Saint-Louis du Sénégal ou Pondichéry en Inde.

Au gré des guerres et des alliances avec les autres pays européens, la France échange ou perd certains de ses territoires.

Les pays européens de la fin du XVIIIe siècle et du début du XIXe siècle apparaissent réticents à l'aventure coloniale jugée coûteuse et hasardeuse.

Mais, bientôt, les conquêtes coloniales reprennent, nourries par des **rêves de puissance et de gloire.** Ainsi la France entame la **conquête de l'Algérie en 1830.**

2

Qui sont les principaux explorateurs ?

Ils ont pour nom **René Caillié** ou **Francis Garnier, Livingstone** ou **Burton, Savorgnan de Brazza** ou **Stanley.** Ils ont traversé en solitaire le Sahara jusqu'à Tombouctou ou remonté le Mékong, exploré l'Afrique d'est en ouest, découvert les sources du Nil, fondé Brazzaville ou descendu le long fleuve Congo.

La colonisation a d'abord reposé sur ces explorateurs qui ouvrent les routes et stimulent la conquête coloniale par leurs découvertes. Les uns sont motivés par la seule **soif d'aventure**, d'autres sont guidés par la **curiosité scientifique**, certains espèrent **s'enrichir**, d'autres encore veulent **convertir les populations** indigènes au christianisme.

3

Comment les populations **indigènes** ont-elles perçu **l'arrivée** des colonisateurs ?

La conquête et la colonisation ont partout suscité des résistances ou des révoltes armées. Les plus importantes ont lieu en Afrique du Nord avec Abd el-Kader et à Madagascar. Ces réactions s'expliquent par les exactions militaires, le travail forcé et les incompréhensions culturelles.

Mais les attitudes des populations indigènes sont très variables. Il se trouve ici ou là des minorités opprimées attendant de l'arrivée des Européens **l'occasion de prendre une revanche sur leurs oppresseurs du moment.** C'est le cas du Cambodge, qui, à la domination vietnamienne, préfère alors l'occupation française.

D'autres choisissent de **collaborer avec les colons**, espérant se trouver une place dans la société nouvelle. Ainsi **se développe une élite indigène** composée de petits fonctionnaires qui tentent de s'intégrer dans la société coloniale mais se heurtent bien souvent au mépris des Européens.

4

Comment **la France** a-t-elle colonisé **l'Algérie** ?

À la fin du XIXe siècle, peu dynamique démographiquement, la France n'a pas vraiment la capacité de peupler elle-même ses colonies. Certes, **pour s'installer en Algérie** on trouve des Alsaciens refusant de devenir allemands en 1870, des pauvres voulant échapper à la misère, des vignerons ruinés par le phylloxéra, ou des opposants politiques.

Mais on incite aussi **des habitants d'autres**

pays européens à aller s'installer de l'autre côté de la Méditerranée. Des Italiens et des Espagnols émigrent en Algérie et viennent gonfler le nombre des citoyens français.

En 1930, les colons possèdent un huitième de la surface cultivable du pays. Grâce au soutien des banques, grâce aussi à un important travail de mise en valeur, l'agriculture se développe d'une manière spectaculaire.

Face à cette colonisation, **la population arabe appauvrie et dépossédée de ses terres se soulève**. Dès 1871, une grande révolte a lieu (elle fait suite à une famine générale qui avait vu périr plus de 300 000 personnes). La répression de cette révolte par l'armée française est terrible.

5

Qu'est-ce qu'une exposition coloniale ?

Les expositions universelles sont apparues au XIXe. Il s'agissait pour les grandes puissances de montrer au monde les richesses produites sur leur sol ou dans leurs colonies.

Bientôt, pointe l'idée de consacrer certaines de ces manifestations aux seuls empires coloniaux : **une façon de manifester le rayonnement de la métropole ; une façon aussi de convaincre une opinion parfois sceptique du bien-fondé de la colonisation.**

C'est ainsi qu'en 1931, une grande exposition est présentée près de la Porte Dorée à Paris. Des reconstitutions architecturales (par exemple des mosquées, des temples asiatiques ou des huttes africaines), des indigènes en costumes traditionnels, des animations folkloriques et artistiques, des conférences... devaient provoquer chez le visiteur **l'illusion d'un voyage dans le monde colonial**, monde dont il ignorait parfois presque l'existence.

Cette exposition, qui a attiré plus de sept millions de visiteurs, a marqué l'apogée de l'empire colonial français.

6

Qui sont les pieds-noir ?

D'où vient cette appellatio ?

Les pieds-noirs d'Algérie sont les personnes nées en Algérie entre 1830 et 1962, descendants d'immigrés venus généralement de France, d'Espagne et d'Italie au XIXe ou au début du XXe siècle.

L'origine de ce terme donne lieu à de nombreuses interprétations. Voici quelques hypothèses plus ou moins vraisemblables :

- Les Arabes auraient appelé ainsi les soldats français de la conquête, à cause de la couleur de leurs bottines ;
- Les premiers colons auraient été ainsi nommés parce qu'ils écrasaient le raisin noir avec leurs pieds ;
- Ce terme viendrait du nom donné à un oiseau migrateur de Provence.

Quoi qu'il en soit, cette appellation ne s'est véritablement répandue que dans les années 1955.

7

Y'a-t-il encore des traces de la colonisation ?

Oui, bien que, aujourd'hui, il n'existe plus de colonies, **il reste encore de nombreuses traces physiques de la colonisation.**

Dans la plupart des pays colonisés d'Afrique et d'Asie, on peut voir des bâtiments qui datent de cette époque : **des écoles, des hôpitaux, des églises, des maisons...**

Par exemple, à Saïgon au Viêt-nam, le bâtiment de la Poste rappelle la période française avec son dôme de verre et sa charpente en fer construite par Gustave Eiffel.

Il reste aussi des **infrastructures ferroviaires**, par exemple le « Congo-Océan » ; de nombreuses **routes** (avec des bornes kilométriques rouges et blanches !) ; **des ponts, des digues, des ports...**

La francophonie est aussi une des conséquence de la colonisation française.

Aujourd'hui on parle français dans 49 États, qui regroupent une population totale de plus de 500 millions d'habitants et environ **175 millions de personnes réellement francophones**. Le français est langue officielle (souvent avec une autre langue, l'arabe par exemple) au Maghreb, au Cameroun, en Guinée, à Madagascar, au Liban...

8

D'où vient l'expression **tiers-monde** ?

Elle vient d'une phrase de l'économiste **Alfred Sauvy** écrite en 1952 : « Ce Tiers Monde ignoré, exploité, méprisé comme le Tiers-État, veut, lui aussi, être quelque chose. »

Le tiers-monde désigne les pays les plus pauvres du monde, situés en Afrique, en Asie et en Amérique du Sud, écartelés entre les deux blocs, le monde occidental sous la tutelle de l'Amérique du Nord et le monde communiste, à l'époque sous la tutelle de l'URSS.

Lire des poèmes

Francis Bebey
David Diop
Léopold Sédar Senghor
Assia Djebar

Un jour, tu apprendras...

à Marcel Bebey-Eyidi

Un jour, tu apprendras
Que tu as la peau noire, et les dents blanches,
Et des mains à la paume blanche,
Et la langue rose,
Et les cheveux aussi crépus
que la forêt vierge.

Ne dis rien.
Mais si jamais tu apprends
Que tu as du sang rouge dans les veines,
Alors, éclate de rire,
Frappe tes mains l'une contre l'autre,
Montre-toi fou de joie
À cette nouvelle inattendue.
Puis cet instant de gaieté à peine passé,
Prends ton air sérieux
Et demande autour de toi :
Du sang rouge dans mes veines,
Cela vous suffit-il pour vous faire croire
Que je suis un homme ?
La chèvre de mon père,
Elle aussi, a du sang rouge dans les veines.

Et puis, dis-leur que tu t'en moques.
Car tu sais, ils n'ont rien compris
À la force créatrice qui donna

Du sang rouge à l'animal et à l'homme,
Mais oublia totalement de donner
Une tête d'homme à la chèvre de ton père.

Vis et travaille.
Alors, tu seras un homme.

Francis Bebey, *Nouvelle somme de poésie du monde noir,*
Présence africaine, 1966

Né au Cameroun, Francis Bebey (1929-1999) est à la fois romancier, poète et musicien. C'est un « griot moderne » (en Afrique, chanteur et musicien, chargé de transmettre les traditions orales).

Afrique

Afrique mon Afrique
Afrique des fiers guerriers dans les savanes
[ancestrales
Afrique que chante ma grand-Mère
Au bord de son fleuve lointain
Je ne t'ai jamais connue
Mais mon regard est plein de ton sang
Ton beau sang noir à travers les champs répandu
Le sang de ta sueur
Le sang de ton travail
Le travail de l'esclavage
L'esclavage de tes enfants

Afrique dis-moi Afrique
Est-ce donc toi ce dos qui se courbe
Et se couche sous le poids de l'humilité
Ce dos tremblant à zébrures rouges
Qui dit oui au fouet sur les routes du midi
Alors gravement une voix me répondit
Fils impétueux cet arbre robuste et jeune
Cet arbre là-bas
Splendidement seul au milieu des fleurs
[blanches et fanées
C'est l'Afrique ton Afrique qui repousse
Qui repousse patiemment obstinément
Et dont les fruits ont peu à peu
L'amère saveur de la liberté.

David Diop, *Coups de pilon*, Présence africaine, 1956.

David Diop (1927-1960) est né à Bordeaux d'un père sénégalais et d'une mère camerounaise. Mort à 33 ans, il est l'auteur d'un unique recueil de poèmes, où s'exprime la volonté de défendre le peuple noir contre le colonialisme.

Prière aux masques

Masques ! Ô masques !
Masque noir masque rouge, vous masques
[blanc-et-noir
Masques aux quatre points d'où souffle l'Esprit
Je vous salue dans le silence !
Et pas toi le dernier, Ancêtre à tête de lion.
Vous gardez ce lieu forclos[1] à tout rire de femme,
[à tout sourire qui se fane,
Vous distillez cet air d'éternité où je respire l'air
[de mes pères.
Masques aux visages sans masque, dépouillés
[de toute fossette[2]
Comme de toute ride
Qui avez composé ce portrait, ce visage mien
[penché sur l'autel[3] du papier blanc
À votre image, écoutez-moi !
Voici que meurt l'Afrique des empires - c'est
[l'agonie[4] d'une princesse pitoyable
Et aussi celle de l'Europe à qui nous sommes liés
[par le nombril.
Fixez vos yeux immuables sur vos enfants
[que l'on commande
Qui donnent leur vie[5] comme le pauvre son dernier
[vêtement.

1. Interdit.
2. Petit creux aux joues ou au menton.
3. Table où l'on fait des sacrifices aux dieux.
4. Moment juste avant la mort.
5. Allusion aux tirailleurs africains enrôlés dans l'armée française.

Que nous répondions présents à la renaissance
[du Monde
Ainsi le levain[6] qui est nécessaire à la farine blanche.
Car qui apprendrait le rythme au monde défunt
[des machines
Et des canons ?
Qui pousserait le cri de joie pour réveiller morts
[et orphelins à l'aurore ?
Dites, qui rendrait la mémoire de vie à l'homme
[aux espoirs éventrés ?
Ils nous disent les hommes du coton du café
[de l'huile
Ils nous disent les hommes de la mort.
Nous sommes les hommes de la danse, dont
[les pieds
Reprennent vigueur en frappant le sol dur.

Léopold Sédar Senghor, *Chants d'ombre*, Le Seuil, 1945.

Léopold Sédar Senghor (1906-2001), président de la République du Sénégal et membre de l'Académie française, a chanté la grandeur de la négritude et l'espoir d'une réconciliation universelle des races. Il est sans doute l'écrivain africain francophone le plus célèbre.

6. Ce qui sert à faire lever le pain.

Alger

Cœur insensé, tu as parcouru l'Orient et l'Occident
Et tu n'as rien trouvé de meilleur qu'Alger la ville-sultane.

Chanson de Janissaire

1 Ville-vaisseau les flottes sombrées
Ville-oiseau le vent tombé
Ville-tombeau la garde sur pied
Ville-deux îles de Bab-Aroudj.

2 Ville-sultane temps de l'oubli
Ville-courtisane les rois partis
Ville-caravane sur deux girafes
Ville-épave esclave vendue.

3 Ville-capitaine l'aube masquée
Ville-tabernacle noirs les secrets
Ville-marâtre[1] parias les pâtres[2]
Ville-rivale des contrebandiers.

4 Ville-complot des capitaines
Ville-ruisseau de tes fontaines
Ville-sanglots seules complaintes
Ville-patios marbre des veuves.

5 Ville-lilas sur les collines
Ville-jasmin et basilic
Ville-oasis un son de cuivre
Ville-piliers hauts de mosquée.

---

1. Mauvaise mère.
2. Bergers.

6 Ville-refuge des hirondelles
Ville-transfuge à tire-d'aile
Ville-rivière des asphodèles[3]
Ville-poudrière blanches colères.

7 Ville-sarment rêche[4] la peine
Ville-serment des partisans
Ville-hurlement l'espoir vermeil
Ville-testament des innocents.

8 Ville-casbah de fiers guerriers
Ville-murailles nids d'éperviers
Ville-broussailles d'assassinés
Ville-victuailles des policiers.

9 Ville-tréteau des tribunaux
Ville-troupeau plus d'un Judas
Ville-manteau tous hors-la-loi
Ville-couteau de l'échafaud.

10 Ville-vaisseau vogue le jour
Ville-tombeau pour les vautours
Ville-oiseau le vent levé
Ville-flambeau la liberté.
Ville-deux îles de Bab-Aroudj.

Assia Djebar, *Poèmes pour l'Algérie heureuse*, S.N.E.D., 1963.

Assia Djebar (née en 1936) est romancière, poètesse et cinéaste.

---

3. Plantes fleuries.
4. Rude de caractère.

questions
sur les poèmes

1. Les quatre poèmes parlent de l'Afrique.
Cherche de quels pays d'Afrique ils parlent en t'aidant d'éléments présents dans les textes, des allusions historiques et de l'origine des auteurs.

2. À qui s'adresse le poète dans les trois premiers poèmes ?

3. Lis et observe *Un jour, tu apprendras*.
Relève les indications de couleurs présentes dans le poème. Qu'est-ce que le poète veut faire comprendre ?

4. Lis et observe *Afrique*.
Relève les mots qui expriment la souffrance et la violence. Explique ce que dénonce le poète.

5. Lis *Alger*.
Observe la construction de ce poème.
Que constates-tu ? Relis les strophes 4,5 et 6, que remarques-tu au niveau des sonorités ?

Des mots pour comprendre

AGRICULTURE VIVRIÈRE : agriculture dont les produits sont destinés à l'alimentation de ceux qui les produisent.

CHRÉTIEN : voir « **Religion** ».

COLONIE : pays occupé par un autre pays, plus fort et plus développé qui en tire profit.

COLONS : personnes qui sont installées dans une colonie.

COMMUNISTE (PARTI) : organisation politique qui, à l'époque, s'opposa au colonialisme au nom d'un idéal d'égalité entre les hommes.

DÉBOUCHÉS COMMERCIAUX : pays où l'on peut vendre des produits.

ÉLITE : groupe de personnes qui se distinguent dans une communauté, par leur formation et leur culture.

INDÉPENDANCE : *« ce pays vient d'acquérir son indépendance »*, ce pays ne dépend plus d'un autre pays.

INDIGÈNE : qui appartient au peuple existant dans un pays avant la colonisation.

JUIF : voir « **Religion** ».

MAGHREB : ensemble des pays d'Afrique du Nord : Maroc, Algérie, Tunisie.

MAIN-D'ŒUVRE : ensemble des travailleurs manuels.

MATIÈRES PREMIÈRES : produits de base que l'on extrait du sol (charbon, minerai de fer) ou que l'on récolte (coton, cacao, café) et qui sont ensuite transformés par différentes techniques.

MÉTROPOLE : État considéré par rapport à ses colonies, comme une « mère patrie ». Ex. : *Les Français d'Algérie sont rentrés en métropole, en France.*

MINORITÉS OPPRIMÉES : partie de la population d'un pays dominée par une autre, plus nombreuse.

MISSIONNAIRE : prêtre, religieux ou religieuse qui a pour mission de propager sa religion.

MUSULMAN : voir « **Religion** ».

ORGANISATIONS INTERNATIONALES : associations de toutes les nations (comme par exemple, l'ONU – l'Organisation des Nations unies) dont le but est d'assurer le maintien de la paix et de la sécurité entre les pays.

PIEDS-NOIRS : terme familier pour désigner les Français d'Algérie.

RELIGIONS CHRÉTIENNE, JUIVE ET MUSULMANE : religions monothéistes (reposant sur la croyance en un Dieu unique) dont le livre fondateur est la Bible. La religion chrétienne rassemble les croyants autour de **Jésus-Christ**, et du texte sacré des **Évangiles**. La religion juive rassemble les croyants autour du texte sacré de la **Torah et** du prophète **Moïse**. La religion musulmane (ou islam) rassemble les croyants autour du prophète **Mahomet** et du livre sacré du **Coran**.

Arts premiers et art contemporain

1 Des formes simplifiées

Observe bien ces quatre dessins. Quelles ressemblances vois-tu entre les masques africains et les personnages de Picasso ?

Masque de chat en bois, Congo.

D'après une partie du tableau *Les Demoiselles d'Avignon*, de Picasso.

Ancêtres sculptés dans des troncs d'arbre, Océanie.

Masque **de maladie en bois, Zaïre.**

à ton tour !

Matériel : une écorce d'arbre ou un morceau de bois, de la laine, des brindilles, des coquillages...

Peins un visage sur une écorce d'arbre. Colle des éléments pour les cheveux et les bijoux.

→ Observe maintenant les détails des visages de ces quatre statues

Une tête de femme, d'après Modigliani.

Un masque étoudi en bois, Congo.

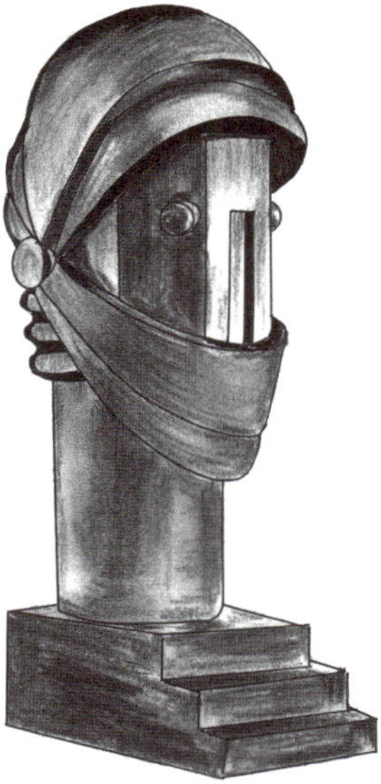

D'après la sculpture
L'Homme du désert,
d'Adami.

D'après la sculpture
Mademoiselle Pagany,
de Brancusi.

à ton tour !

Matériel : un feutre, une grande feuille, des ciseaux et de la colle.

- Sur une grande feuille décalque le nez, les yeux, la bouche, les oreilles de tous les personnages représentés sur cette double page. Tu peux allonger, raccourcir, changer d'échelle... Tout est permis !
- Découpe chacun de ces éléments.
- Puis crée un visage en choisissant des éléments et en les combinant.

2 L'écriture des lignes

D'après le tableau *La Danse*, de Matisse.

D'après le tableau *Rythme*, de Safi Ma Bea, peintre africain contemporain.

D'après le tableau *La Chaise*, de Buffet.

→ Regarde les trois dessins ci-contre.
Les peintres ont cerné le contour des personnages et des objets. Ils ont aussi dessiné quelques lignes (lignes des bras, des jambes, traits du visage...).

à ton tour !

Matériel : des photographies représentant des personnes, des animaux ou des objets (pages de magazines), du papier-calque, des crayons à papier gras, des feuilles de dessin de couleur, un feutre noir.

Sur un papier-calque, repasse au crayon à papier gras sur les contours de chaque personne.
Repasse jusqu'à obtenir un trait épais.
Retourne le calque sur une feuille à dessin de couleur et repasse en appuyant sur les traits.
Tu obtiendras un dessin inversé.
Utilise un feutre noir pour épaissir le contour.

Quatre étapes de la transformation d'un taureau (du plus près du modèle au dessin des lignes essentielles), d'après Picasso.

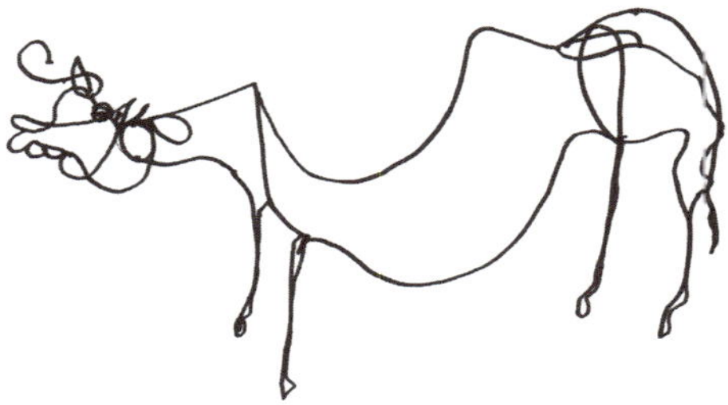

D'après la sculpture *La Vache*, de Calder.

à ton tour !

Matériel :
Activité 1 : des photographies (pages de magazine), du papier-calque, un crayon ou un feutre rhodoïd.
Activité 2 : du fil de métal.

- Décalque les personnages et les objets sans lever la main. Tu peux repasser sur ton trait et épaissir la ligne à certains endroits.
- En utilisant un fil de métal, modèle un visage, un objet, un animal ou une personne.

3 Le creux, le vide

Le creux et le vide ont un sens. Ils permettent de jouer avec la lumière sur les reliefs et de laisser voir au travers.

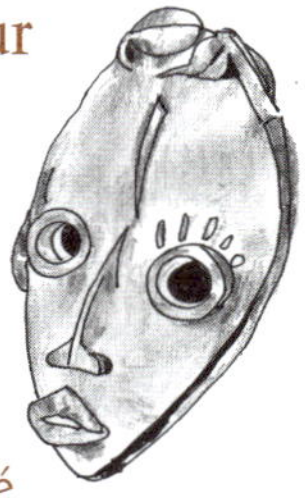

Masque dan-guéré en bois, Côte-d'Ivoire.

D'après la sculpture *Vénus*, de Sosno. Cette sculpture est posée dans une rue, à Nice. Les arbres sont de vrais arbres, on les voit à travers la partie évidée.

à ton tour !

- En pâte à modeler, en terre, en polystyrène, réalise le visage d'un personnage. Évide certaines parties.
- Sur un carton, dessine un être humain.
- Évide l'intérieur puis dresse le carton contre une fenêtre ou une image.

Ouvrage sous la direction
de Claudette Lecuyer,
avec la collaboration de Christine Bialès,
Jean Corbucci, Jean-Pierre Gossart
et Armelle Hiéblot.

Édition : Pauline Bocquillon et Pascale Costet.
Illustrations de couverture et de la fiction : Pascale Collange.
Illustrations des activités artistiques : Claudette Lecuyer.
Conception graphique, mise en page et couverture : iow 2.10.

Crédits photographiques :
p. 46 : Roger-Viollet – p. 49h : Archives Nathan –
p. 49b : Roger-Viollet – p. 51 : Harlingue / Roger-Viollet –
p.52 Keystone – p. 53 : Roger-Viollet –
p. 68 : Gastaud / Sipa Press.

N° de projet : 10140671 - dépôt légal : Février 2007
Imprimé en France par EMD S.A.S.
53110 Lassay-les-Châteaux - N° dossier : 16802